RÊVE

D'UN ESPAGNOL,

OU

ENTRETIEN

DE

CANNING ET CASTLEREAGH

AUX ENFERS.

Par M. Vincent D'ESTRADA D'ESTRADA.

PARIS.

CHEZ LES MARCHANDS DE NOUVEAUTÉS.

1827.

IMPRIMERIE ANTHELME BOUCHER,
rue des Bons-Enfans, n⁰. 34.

RÊVE

D'UN ESPAGNOL,

OU

ENTRETIEN

DE

CANNING ET CASTELREAGH

AUX ENFERS.

----•----

Ayant lu les journaux, et voyant ma patrie
si méprisée par les uns et si faussement jugée
par les autres, je me retirai l'autre soir chez
moi, l'âme nâvrée de douleur et d'indigna-
tion. M'étant mis au lit toujours préoccupé
des plus sinistres idées, à la fin je m'endor-
mis. Alors je me trouvai tout-à-coup dans un
désert épouvantable, dont le sol était d'une
substance inconnue pour moi, et de laquelle
s'exhalaient des vapeurs qui produisaient une
lueur et une odeur insupportable à mes sens.

I..

Je souffrais beaucoup, quand je fus frappé d'horreur en voyant marcher çà et là des monstres affreux, dont la tête était humaine. Ayant fixé mes regards sur deux de ces monstres, qui marchaient et paraissaient s'entretenir d'affaires graves, je reconnus en eux deux célèbres ministres d'Albion. Comme ils avaient suivi dans le monde des routes opposées, je les suivis de près, curieux de savoir si je pouvais les comprendre. En effet, quoiqu'ils eussent un sifflement singulier, ils transmettaient à mon âme leurs idées. Cas......... disait à Can.... : « Napoléon, à Sainte-Hélène, en faisant ma critique, n'avait d'autre but que d'induire en erreur mon successeur, afin de perdre mon pays qu'il détestait; et comme il savait que ses paroles seraient toujours d'un grand poids, il les employait à faire croire que j'aurais dû me mettre à la tête d'un parti opposé à celui de Pitt. D'après tout ce que je vous ai entendu dire, il a réussi, puisque vous vous êtes mis à la tête des libéraux des deux mondes; et que, par-là, votre gouvernement a encouru la haine de tous les souverains européens; et à présent que la lutte va commencer en Portugal, vous

verrez peut-être qu'ils établiront une dicta-
ture èn Europe, pour régler les affaires du
continent, et qu'ils la confieront à l'archiduc
Charles, ou à tout autre prince possédant s e
grandes qualités. L'idée en sera d'éviter les
conférences diplomatiques qui ne font souvent
qu'embrouiller les affaires ; et où (comme dans
toute réunion de beaucoup d'hommes) l'in-
trigue et la perfidie pourraient se glisser e^t
déconcerter cet accord d'unité, d'activité et
de secret qui fait l'âme de la guerre. Le dictateur s'entourant d'hommes bien connus par
leur intégrité et par la force de leur carac-
tères, mettra une barrière entre lui et ces
hommes qui se laissent acheter par l'or, entre
ceux qui se laissent gouverner par leurs fem-
mes ou par leurs maîtresses, et entre ceux qui,
quoique honnêtes, sont toujours peureux et
incapables par-là de rien produire de grand
ni de fort.

» Maître de disposer des armées de terre et
mer de l'Europe, il dira : Russes, puisque
nul ne saurait empêcher votre agrandisse-
ment, marchez vers la mer des Indes, et
que vos destinées s'accomplissent. Là, dans
ce beau pays , les doctrines démocratiques

né pourront vous corrompre, et votre brillante aristocratie retardera des siècles sa décadence. Prussiens, puisque l'épée du Grand-Frédéric vous fit une puissante nation, marchez, le Hanôvre vous appartient. Et vous, Français et Autrichiens, sans l'appui desquels on ne saurait rien faire, allez moissonner de nouveaux lauriers, et ajoutez aux couronnes de vos monarques les plus beaux fleurons. Turin, Rome, Naples, je vous agrandirai; mais, sur ceci, qu'un voile impénétrable couvre mes projets, jusqu'à ce que ma main prévoyante le déchire. Cette vaste invasion, faite à-la-fois et avec des forces colossales, vous balayera partout, malgré que je suppose jusqu'à l'absurde en votre faveur; c'est-à-dire que vous aurez dans l'Andalousie 200,000 Maures de troupes aussi manœuvrières et aussi disciplinées que les anglaises; et que tous les Espagnols et les Portugais se transformant en jacobins effrenés, feront une guerre nationale à outrance. Pour éviter un coup de main, le roi Ferdinand et sa famille se renfermeront dans Pampelune ou dans Figuières, avec les régimens les plus dévoués et disciplinés, et de plus, la maison du

roi sera composée des sujets les plus fidèles.
Dans cette position critique, vous serez obli-
gés de défendre plusieurs points attaqués à-la-
fois par des forces imposantes (car il est dé-
montré par l'archiduc Charles même, par Jo-
mini et les autres savans écrivains militaires,
que les attaques faites avec de petites masses
et morcelées, sont des sottises); vous serez
forcés de diviser vos escadres et vos forces de
terre et de mer, et de les employer à de grandes distances de l'Angleterre. Alors les alliés
profiteront de votre embarras pour soulever
l'Irlande et l'Ecosse, afin que ces contrées de-
viennent des royaumes indépendans de l'Angleterre; et, pour ce qui concerne celle-ci,
ils feront avec habileté un débarquement, le
déclareront république ; et, afin qu'elle
soit essentiellement démocratique, les biens
de la noblesse et des riches seront partagés
parmi le peuple, de sorte que, comme à
Rome, les fortunes soient à-peu-près égales.
Ils diront à la populace : Puisque vous croyez
que vos mécaniques sont la cause de votre
misère, marchons en avant, détruisant tous
ces établissemens, origine, selon vous, de
votre famine; et croyez que nous ne voulons

d'autre récompense que les frais de la guerre et retirer les armes et les drapeaux de nos na-, tions, qui sont à la tour de Londres; cela obtenu, nous vous quitterons contens d'avoir amélioré votre sort. Pensez-vous que John Bull soit assez bon pour maintenir les siné-cures ? Le trident que vous avez arraché à Neptune vous tombera des mains, et l'empire des mers n'appartiendra à personne exclusivement. Toutes les nations deviendront florissantes par leur commerce avec les Deux-Mondes, mais surtout la France et les États-Unis. Le dictateur déclarera que les États-Unis étant l'ouvrage des monarques d'Europe, seront non seulement conservés, mais agrandis. L'Amérique espagnole sera partagée entre la Sainte-Alliance, excepté l'empire du Mexique, qui appartiendra à l'Espagne. » A ces mots, le monstre libéral, qui jusque-là avait écouté attentivement, jetant un regard sur son rival, lui dit : « Vous oubliez sans doute que nous avons un parti libéral partout, et que nous espérons de grandes choses. »

Cas.... « Oui, je comprends, vous voulez parler sans doute de ces fiers républicains, mais n'avez-vous pas lu qu'un jeune *soldat* leur fit changer le bonnet rouge contre un chapeau à la Henri IV, et cela même quand leurs têtes étaient le plus échauffées. N'y comptez pas : la mode en est passée. Pour l'Espagne, faites le parallèle de la guerre de 1808 avec celle de 1823, et il vous apprendra à quoi vous en tenir. Pour ce qui concerne le Portugal, vous le voyez. Croyez-vous que la nouvelle Majesté péruvienne viendra pour votre bon plaisir se casser le nez contre une vieille cuirasse française, et s'exposer à ce que M. Duchâteau, en quatre pages remplies de triangles et de lignes, vous démontre peut-être que M. le président n'est pas un Turenne ? Enfin, je vous ferai une petite observation bien concluante : quand nous étions les alliés de tous, on nous a fait suer à grosses gouttes dans les plaines de Toulouse ; et à Waterloo, sans le vieux Blucher............ Demandez au noble lord dans votre cabinet, les portes fermées, quelle était sa position (foi de chevalier) dans cette journée mémorable ? »

CAN.... « Mais la justice est pour nous ; car qui peut nier que la constitution du Portugal étant octroyée par son souverain légitime, n'est point obligatoire pour ses peuples, et doit être respectée par les autres nations. »

CAS........ « Personne : ainsi ce n'est pas là la question. Il s'agit de savoir si un propriétaire qui voudrait brûler sa maison parce qu'il croirait y trouver son profit, son voisin est obligé de regarder tranquillement le feu, courant le risque d'être incendié à son tour. Or, je soutiens que tout homme de bon sens courrait l'éteindre, et si on voulait l'en empêcher, il emploierait la force. La querelle devenant générale entre les serviteurs de ces deux hommes, tout passant sage se rangerait du côté de ceux qui veulent éteindre l'incendie, et les fous seulement seraient contre. Voilà comme je crois que la chose doit être envisagée. Vous nierez peut-être la justesse de ma comparaison, mais alors cela deviendrait un sujet d'opinion, et celle qui réunirait le plus de suffrages aura le dessus. »

CAN.... « Tout ce que vous dites-là n'a pas le sens commun; pour faire la guerre, il faut de l'argent, et, pour avoir de l'argent en France, il faut le concours des deux Chambres; et, dans celle des Pairs, j'y ai des amis. »

CAS........ « La Chambre des Pairs, sera toujours unie à son Roi, et, si vous y avez quelque ami, réfléchissant au passé, il aura déjà mesuré d'un coup-d'œil la hauteur des fenêtres du palais, et il sera convaincu que s'il fallait sauter, il se casserait les jambes. Il est vrai qu'il conviendrait peut-être que les autres souverains supportassent cette fois-ci les frais de la guerre (ils peuvent être sûrs que l'Espagne a plus de ressources, de forces et de richesses qu'on ne pense; il suffit seulement de la relever), afin de laisser tranquillement discuter cette loi de salut sur la presse (1), c'est-à-dire qu'à l'avenir les presses de France n'imprimeront pas des outrages contre la royauté, et qu'on ne lira point les épithètes de *pélerin couronné* (2), en parlant d'un roi de la famille des Bourbons. »

CAN..... « J'enlèverai le ci-devant roi de Rome, et nous verrons si ce lévier est puissant. »

---

(1) J'appelle cette loi de salut, parce que je suppose qu'il sortira de la sagesse des Chambres une loi qui, sans détruire l'imprimerie, empêchera les désordres que je condamne.

(2) Voyez *le Constitutionnel* du 24 août 1826.

Cas......... « Délire ! Son grand-père aura grand soin de rendre toutes vos démarches inutiles : il a déjà montré qu'il était roi avant d'être père. »

Can..... « Et mon armée de réserve, vous la comptez pour rien. Vous ignorez que depuis les Excellences jusqu'aux marchands, il y a des sujets de tous les souverains qui, ayant une partie de leur fortune dans nos fonds publics, il est de leur intérêt de faire les plus grands efforts pour arrêter notre chute, afin de ne pas être entraînés dans notre banqueroute. »

Cas......... « Ces hommes se divisent en deux parties, l'une composée d'hommes vertueux, capables de sacrifier leur vie et leur fortune pour l'honneur de leur prince et la prospérité de leur nation, et l'autre composée de vils égoïstes. C'est parmi eux que vous trouverez des espions, des espionnes et des traîtres ; mais ils seront connus à leurs démarches, méprisés et punis. »

Can..... « Mais vous, qui trouvez à redire à tout, qu'auriez-vous fait à ma place ? »

Cas......... « Je serais toujours resté uni à la Sainte-Alliance, sans négliger pour cela mes affaires. J'aurais dit à l'Espagne : Si vous voulez reconquérir vos Amériques, partagez avec moi la moitié de l'argent que vous tirez de ce pays; accordez à notre commerce les mêmes avantages qu'au vôtre, et........ Mais je me tais, car un diplomate ne doit pas tout dire, et je crois qu'il aurait fallu que le conseil des Indes eût perdu la tête pour ne pas accepter ma proposition. »

Can..... « Ce qu'il y a de certain, c'est que l'on m'appelle grand homme. »

Cas......... « Attendez un moment; il faut voir si votre édifice restera debout, ou si, en s'écroulant, il renversera le colosse; car, si cette dernière circonstance arrive, vous verrez quelle belle page vous destine l'histoire, et elle vous nommera le ministre aux ballots, au lieu de grand ministre; mais, supposant même que votre édifice reste, l'Angleterre vous accusera d'avoir avancé sa ruine par l'émancipation du Nouveau-Monde. Qui peut douter que l'Amérique, quand ses convulsions politiques seront passées, ne devienne, à cause de sa position et de sa richesse, la dominatrice des mers? De sorte que vous avez abdiqué l'empire en posant la base de sa

.grandeur; double faute, parce que l'Espagne
et le Portugal, sans colonies, n'ont point besoin de vous; et, par-là, votre influence dans
ces pays sera nulle, et la France en profitera.
La génération future de l'Amérique vous élè-
vera une statue, mais celle de l'Angleterre
dira : il fut grand philanthrope et mauvais
citoyen. Vous me nierez tout ceci, parce que
vous ne voyez que le présent.

Can.... « Oh! puissances de l'enfer! Ici
l'avenir seul est caché. Ecoutez! écoutez!...
A présent que vous venez d'entendre ces
paroles: point de guerre, vous êtes resté bien
sot, il me semble. Il fallait me croire; mon
voyage à Paris est un coup de maître; j'ai
mis bien du monde dans ma manche, surtout
de petites maîtresses à qui j'ai fait acheter
des effets espagnols, en leur donnant ma pa-
role qu'avant dix mois l'on chantera le *tragala*
aux fenêtres du palais à Madrid. »

Cas....... « Vous resteriez bien plus sot
que moi si le Roi catholique disait aux Français : « Je vous remercie du service que vous
m'avez rendu, lequel, comme votre bravoure
et loyauté, resteront à jamais gravés dans
mon cœur; mais les convenances exigent que

vous quittiez mon royaume ; vous emporterez mon estime et votre argent, mon clergé m'ayant apporté ses richesses, et la reine, les infantes, et toutes les dames espagnoles, qui me sont dévouées, leurs bijoux, j'ai de quoi payer. Du reste, roi absolu, la vie et les biens de mes sujets m'appartiennent, quand la patrie est en danger. Pour la sauver, je veux déclarer la guerre au Portugal ; la cause en est le repos de mes peuples agités par l'établissement dans ce pays d'un gouvernement incompatible avec le mien ; déjà la guerre civile en est, et ma personne a été compromise malgré moi. D'ailleurs ce royaume est enclavé dans le mien, et ne présente point aucune garantie ; de sorte que tôt ou tard ils doivent se détruire. C'est mon devoir sacré de l'empêcher. Si quelque nation étrangère s'en mêle, qu'elle sache que, Bourbon, je n'ai pas peur ; et qu'elle se souvienne que l'Espagne a porté le premier coup au grand colosse qui a fini par l'estimer ; qu'elle entra seule dans la lutte et entraîna toute l'Europe, tant son exemple fut grand. Si les Maures débarquent dans mes états, je compte avec tous les princes chrétiens. »

» On prétend que les souverains mes alliés veulent que je donne des institutións libérales à mes peuples, mais j'attends leur exemple pour modifier mon gouvernement; pourvu qu'il ne me faille pas employer la terreur, seul moyen de maintenir des institutions contraires à la volonté générale d'une nation. Car, Messieurs, je ne suis point né pour être un Robespierre.

» Il me reste à vous parler de l'ordonnance d Andujar. Sachez que je la considère comme un stratagême de guerre.

» Allez dire à votre auguste maître qu'il soit tranquille, que je reste confié à Dieu et à mes braves. »

Can.... « Vous êtes si peu éloquent et si pauvre réthoricien que vous commencez à m'ennuyer. »

Cas....... « Mon cher, je suis ici ce que j'étais au parlement; mais cela ne m'empê-chera pas de vous donner un conseil. Croyez-moi, ne parlez pas de notre bonne foi en politique, parce que l'on se moquerait de nous; mais retranchez-vous toujours derrière les fanfaronnades, car si vous êtes sauvés, c'est par la grâce, non de Dieu, |mais par celle de la peur des autres. »

CAN.... «´ Enfin, sachez que j'ai juré que la constitution de Cadix sera proclamée en Espagne; nous verrons qui osera s'y opposer. »

En entendant cette folle proposition, il me fut impossible de me contenir, et les interrompant, je m'écriai : Qui ? la Sainte-Alliance, composée de rois chevaliers, qui ne permettront point que leurs noms passent flétris à la postérité, ni que les dynasties tombent desséchées par le mépris. Oui ! ils sont engagés depuis Vérone; la guerre d'Espagne est leur ouvrage; ils ont voulu en Espagne un roi absolu; ils sont trop jaloux de leur honneur pour abandonner un roi qui n'a fait que suivre leurs désirs; et ils ne verront jamais toucher leur ouvrage par une main quelconque, les armes en pavillon. Que l'histoire soit ouverte par les rois, ils trouveront des monarques qui, pour n'avoir pas saisi le moment précieux, sont morts sur l'échafaud, et ont laissé leurs peuples dévorés par la plus cruelle anarchie, tandis que d'autres, dont la main vigoureuse lança la foudre à temps, sont restés debout sur les débris de leurs ennemis.

(19)

Eux-mêmes, se souvenant du passé, regret-
teront de n'avoir pas fait en 1793 ce qu'ils
ont fait en 1813. Qu'il se forme un congrès de
rois, qui déclare qu'à lui seul appartient le
droit d'interpréter les actions de tout prince
souverain, de le détrôner et de changer leur
dynastie, dans le cas d'apostasie politique.
Mais que tout sujet qui, à l'avenir, se révol-
terait contre son souverain, quel que soit le
prétexte, soit déclaré traître, et que sa tête,
tranchée là où il sera trouvé, soit envoyée à
son maître qui donne de sages lois, qui puis-
sent faire le bonheur des peuples, lois qui ne
serviront point d'ornement aux bibliothèques,
mais qui seront religieusement observées; qui
forme les mœurs en proscrivant tout impôt
honteux et immoral, et qui anéantisse le
monopole. En créant une banque par le
moyen d'une sévère économie, il n'aura pas
besoin d'emprunt, invention moderne qui en-
richit des particuliers au préjudice des nations, et qui met les couronnes sous l'influence
des bureaux des banquiers; qui dise aux gé-
néraux : Commandez les armées et ne versez
du sang que ce qu'il faut pour triompher. Aux
magistrats: jugez selon les lois, et soyez at-

tentifs à sauver l'innocent. Aux ministres de la religion : Employez votre temps à prêcher l'Évangile et à chanter des hymnes au Seigneur ; qui dise : l'anarchie et la superstition ont cessé d'exister, et la société n'est plus un chaos ; qui veille sur l'éducation des princes, en déclarant que le droit d'aînesse est incompatible avec la dignité du trône, parce que l'organisation étant différente chez les hommes, il peut se trouver que l'aîné soit un prince inepte, méchant ou lâche, tandis qu'un de ses frères peut être un prince accompli, à celui-ci seul appartient la couronne , mais c'est au congrès à la lui donner. S'il y a quelqu'un qui s'en empare, qu'il soit déclaré usurpateur et puni de mort. Enfin qui fasse prospérer l'agriculture, les sciences et les arts, en donnant un démenti à ceux qui prétendent que les lumières n'appartiennent pas aux gouvernemens despotiques. Clément sans faiblesse, l'olivier dans une main, et l'épée dans l'autre, qu'il rende les peuples heureux malgré leurs préjugés. Plût à Dieu qu'il en soit ainsi, et que la postérité dise : L'année 1827, il se forma une assemblée de souverains, la plus auguste et la plus utile que connurent les siècles antérieurs. Fière Albion, l'heure fatale est sonnée, et déjà de braves vétérans tournent leurs regards vers l'Afrique, voient un tombeau, et levant leurs mains, ils jurent de venger les mânes de cet illustre guerrier qui les a couverts d'immortels lauriers.

Un grand bruit me réveilla, et je me trouvai dans mon lit, malgré l'agitation de mon sommeil, un peu soulagé, ayant quelque lueur d'espérance pour ma patrie. Me souvenant parfaitement de mon rêve, je me levai et l'écrivis, me proposant de le publier sans le consulter avec personne, pour ne pas être contrarié. Je le publie en faisant le a crifice de mon amour-propre, car il ne mérite peut-être pas de voir le jour; mais comme je suis convaincu que le plus mauvais écrit peut contenir quelque chose d'utile, je le fais imprimer; et croyant que dans certains écrits, s'envelopper de l'anonyme est une bassesse, j'y mets mon nom, au risque de perdre ma fortune, si les choses prennent une tournure différente de ma manière de voir, prêt à donner une satisfaction quelconque si l'honneur l'exige.

FIN

www.ingramcontent.com/pod-product-compliance
Lightning Source LLC
LaVergne TN
LVHW021759030726
842523LV00003B/1105